Vida e idades da mulher e do homem

As ilustrações das páginas de guarda deste livro foram inspiradas na série de gravuras intitulada "Escala da vida", muito popular antigamente. As mais conhecidas foram feitas pelo gravurista espanhol Baltasar de Talamantes, que viveu no século XVIII. Talvez você esteja se perguntando: "Mas as pessoas do século XVIII viviam até os 100 anos?". Na verdade, não. Ainda que houvesse exceções, em geral as pessoas daquela época morriam bem antes. O artista deve ter achado que dessa forma a composição do quadro ficava mais bonita. Atualmente, considerando a média de todos os países do mundo, a expectativa de vida das mulheres é de 73 anos e a dos homens é de 68 anos. Mas é claro que existem países em que a expectativa de vida das pessoas chega perto dos 100 anos, enquanto em outros ela não alcança 55 anos, o que é muito pouco. Você pode pesquisar mais onde isso acontece e por que essa diferença é tão grande!

AS MULHERES
E OS HOMENS

AS MULHERES E OS HOMENS

COLEÇÃO **LIVROS PARA O AMANHÃ** | VOLUME 4

IDEIA E TEXTO
Equipo Plantel

ILUSTRAÇÕES
Luci Gutiérrez

ANTES DE LER

AS MULHERES E OS HOMENS

Este livro faz parte de uma série de quatro volumes dirigida a jovens leitores que foi publicada originalmente entre 1977 e 1978, pela editora La Gaya Ciencia, de Barcelona, na Espanha. Naquela época, fazia menos de três anos que o ditador Francisco Franco havia morrido, e a Espanha vivia um período de transição que traria as primeiras mudanças democráticas. O Brasil, por sua vez, estava em plena ditadura.

Quase quatro décadas depois, os livros foram redescobertos pela equipe da editora Media Vaca, também espanhola, que considerou que tanto o espírito quanto boa parte do texto continuavam completamente atuais. Por isso decidiram reeditá-los, desta vez com novas ilustrações. Dos textos, uma ou outra vírgula foi trocada (então não podemos dizer que não se mexeu em nenhuma vírgula!), mas nada foi tirado nem acrescentado em relação ao conteúdo original. Em essência, as ideias e os comentários parecem perfeitamente válidos, tanto para nós, os editores do Brasil, quanto para os editores da Media Vaca, assim como as questões para reflexão, ao final, que são um convite ao debate. Na última página, "Para saber mais", a edição brasileira conta com um breve texto da assistente social e feminista Mirla Cisne sobre diferença e desigualdade.

Uma advertência geral, que fazemos quanto aos quatro títulos, é que sempre que aparecer no texto a palavra "todos" as leitoras e os leitores mais jovens devem entender que ela inclui todas as mulheres e todos os homens. Nos anos 1970, as pessoas achavam que essa distinção não era necessária, mas hoje sabe-se que o correto é usar sempre as duas formas.

A coleção original se chamava Livros para o Amanhã, e assim continuará se chamando nesta nova versão. Se hoje lemos sem estranhar muito o que dizem estes livrinhos é porque, ao que parece, esse tal amanhã ainda não chegou. Tomara que não demore! – **Os Editores**

As mulheres e os homens são muito semelhantes, embora pareçam muito diferentes.

Os homens parecem mais importantes do que as mulheres.

As mulheres parecem mais frágeis.
Mas nada disso é verdade.

Existem mulheres importantes e homens frágeis.

Existem mulheres inteligentes e homens tolos.

Existem mulheres corajosas e homens covardes.

Assim como existem homens importantes, inteligentes, corajosos... Pois a inteligência, o trabalho e a coragem de uma pessoa não têm nada a ver com ser homem ou mulher.

Na verdade, as mulheres e os homens são iguais em quase tudo. A única coisa que têm de diferente é o sexo.

O sexo é importante porque serve para as mulheres e os homens terem prazer, se divertirem, se amarem e gerarem filhos.

Mas é só isso: o sexo não faz de ninguém uma pessoa melhor ou pior.
Nem serve para saber mais, trabalhar mais ou ganhar mais dinheiro.

O que acontece é que muitos pais educam os meninos
para que se tornem homens importantes...

enquanto as meninas são educadas para que se tornem as esposas dos homens importantes.

Desde criancinhas, os meninos são tratados de um jeito...

e as meninas de outro, muito diferente.

Os adultos convencem os meninos de que bom é:

ser valente,

ser forte,

ser bom aluno,

ser o melhor.

Mas dizem coisas bem diferentes
para as meninas:

— Como você é bonita!

— Você é muito obediente!

— Que menina
mais carinhosa!

— Você é muito feminina!

Por isso, os meninos se vestem de um jeito...

E existem brinquedos de menino...

e as meninas de outro.

e brinquedos de menina.

E, de tanto ouvirem sempre a mesma ladainha e fazerem coisas tão diferentes,

as meninas e os meninos vão se tornando diferentes de fato.

Os meninos precisam estudar muito mais, porque serão os advogados, os médicos, os engenheiros ou os políticos.

As meninas também podem estudar para serem advogadas, médicas, engenheiras ou políticas. Mas ninguém acha isso muito importante, e frequentemente elas se tornam secretárias, aeromoças, cuidadoras...

Como quase tudo depende dos homens, eles é que acabam mandando em tudo: nos países…

Nas empresas...

Na família...

E até na mulher.

E, como são eles que fazem tudo, tudo é feito de acordo com o gosto deles: as mulheres se vestem com roupas produzidas pelos homens, compram coisas inventadas pelos homens e fazem coisas que agradam aos homens.

Ficou decidido que a mulher só servia para ser companheira do homem... e a mãe de seus filhos.

O homem passou a ser chamado de "chefe de família", e a mulher tornou-se a "dona de casa".

Mas nada disso é verdade.
Nem os homens foram feitos para mandar...

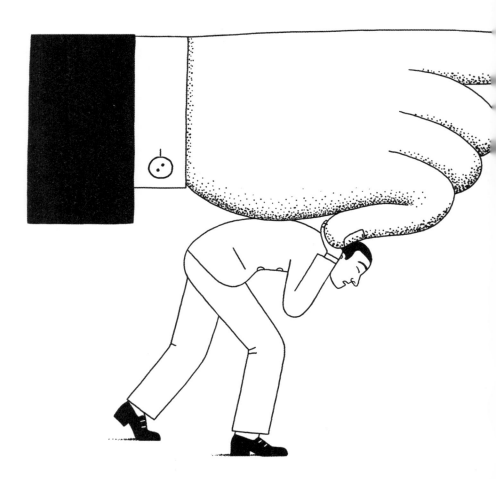

nem as mulheres nasceram para obedecer.

Porque as mulheres e os homens são pessoas iguais com sexo diferente.

AS MULHERES E OS HOMENS ONTEM E HOJE

Quando decidimos voltar a publicar estes livros, feitos há quase quarenta anos, imaginamos que dos quatro títulos da coleção este sobre as mulheres e os homens seria o mais desatualizado de todos. De fato, de 1978 até hoje, muitas mudanças aconteceram e, por sorte, quase sempre para melhor. (Os leitores mais velhos podem comprovar isso agora, ao ler este livro.)

Apesar disso, as mulheres, além de não desfrutarem de muitos privilégios que parecem exclusivos aos homens, continuam sofrendo muita discriminação no mundo todo. Basta dar uma olhada ao redor ou ler as notícias dos jornais. Vemos, por exemplo, fotografias de reuniões de grandes empresários em que não se encontra nenhuma mulher, ou estatísticas que comprovam que uma mulher precisa trabalhar muito mais horas que um homem para ganhar o mesmo que ele. Embora algumas mulheres governem países, em comparação com os homens ainda são pouquíssimas as que ocupam postos de grande responsabilidade. Isso é muito injusto, pois hoje as mulheres estão tão preparadas quanto os homens. De fato, o número de mulheres que cursam universidade chega a ser maior do que o número de homens, e em geral elas obtêm as melhores notas.

Ainda falta muito para alcançarmos a igualdade de gênero. O melhor caminho para isso é a educação: ninguém pode duvidar que mulheres e homens são iguais e devem ter os mesmos direitos. Precisamos eliminar os comportamentos machistas do nosso cotidiano e combater os abusos para poder alcançar um mundo igualitário, que seria, para todos e todas nós, um lugar melhor para viver.

QUESTÕES PARA REFLETIR E DEBATER

1. Qual a sua opinião sobre a relação entre mulheres e homens?
- **A.** Existe igualdade.
- **B.** Quem manda é a mulher.
- **C.** Quem manda é o homem.

2. Quem deve fazer as tarefas da casa?
- **A.** Só a mulher.
- **B.** A mulher e o homem, meio a meio.
- **C.** A maior parte a mulher e um pouco o homem.

3. Quem deve sustentar a casa?
- **A.** Só o homem.
- **B.** Só a mulher.
- **C.** O homem e a mulher, juntos.

4. Quem deve mandar mais...
- **A.** nos negócios?
- **B.** na casa?
- **C.** nos hospitais?

5. Quem acompanha mais os seus estudos, sua mãe ou seu pai?
Compartilhe sua opinião com seus amigos, professores e familiares.

PARA SABER MAIS: DIFERENTES SIM, DESIGUAIS NUNCA!

Dizem por aí que as meninas são frágeis, tímidas e medrosas. E que os meninos são sempre fortes, inteligentes e valentes. Falam que existe brinquedo de menino e brinquedo de menina. E até que só as meninas loiras e de olhos claros podem ser lindas princesas. Mas nem sempre foi assim. Essas ideias surgiram há alguns milhares de anos, quando grupos de pessoas começaram a dominar outros, determinando que alguns poucos eram superiores e podiam mandar na maioria. Num mundo assim, nem todas as crianças são felizes. Muitas sofrem violências e discriminação, sentem medo e vergonha.

Mas a vida pode e deve ser diferente! Todas as crianças têm o direito de brincar livres de preconceitos e ser felizes. As meninas e os meninos podem gostar de todas as cores, de todos os brinquedos, de todas as matérias de escola e podem escolher qualquer profissão. As meninas podem ser fortes e independentes. Os meninos também. Os meninos podem ser gentis, carinhosos, sensíveis e solidários. As meninas também. Meninas podem gostar de matemática, jogar futebol e querer ser engenheiras ou bailarinas. Meninos podem gostar de português, brincar de boneca e querer ser bailarinos ou engenheiros. Meninos podem chorar sem medo, porque homens também choram. Meninas não precisam se sentir fracas, porque mulheres podem ser fortes.

Meninos e meninas são diferentes e não desiguais. Nenhuma diferença deve fazer com que alguém se sinta superior ou inferior. Cada pessoa tem sua beleza. Podemos aprender muito quando respeitamos e convivemos bem com a diversidade. Porque o mundo é como uma aquarela de gente: quanto mais cores tiver, mais vivo e colorido fica. E muito mais feliz! – **Mirla Cisne**

LUCI GUTIÉRREZ

Barcelona, 1977

Luci já ilustrou muitos livros para meninas e meninos, alguns na Itália. Também já fez outros que não são nem para meninas nem para meninos, como o *Kama Sutra* (ainda que essa expressão seja engraçada), e outros que servem para ela mesma, como *English is Not Easy* ("Inglês não é fácil"), que escreveu e desenhou para ver se aprendia essa língua de uma vez por todas. No momento, Luci continua estudando e sempre que pode viaja para Nova York, onde publica seus desenhos em várias revistas, todas em inglês. Nas ruas de Nova York, que são como um museu vivo, Luci cruza com mulheres e homens de todas as partes do mundo. Ela observa com atenção essas pessoas, as desenha em seus cadernos e depois coloca em seus livros.

holeland.com

Título original: *Las mujeres y los hombres*
Copyright © do texto: Equipo Plantel, 1978
Copyright © das ilustrações: Luci Gutiérrez, 2015
Copyright © da edição original: Media Vaca, 2015
Copyright © desta edição: Boitatá, 2016
Estes livros foram publicados originalmente, com outras ilustrações, pela editora La Gaya Ciencia, de Barcelona, em 1977-1978.

Direção editorial
Ivana Jinkings

Edição e tradução
Thaisa Burani

Revisão da tradução
Monica Stahel

Coordenação de produção
Livia Campos

Revisão
Isabella Marcatti

Capa e páginas de guarda
Luci Gutiérrez e A. Hidalgo

Diagramação e letramento
Otávio Coelho

um selo da BOITEMPO
Jinkings Editores Associados Ltda.
Rua Pereira Leite, 373
05442-000 São Paulo SP
Tel.: (11) 3875-7250 / 3875-7285
editor@boitempoeditorial.com.br
www.boitempoeditorial.com.br

1ª edição: fevereiro de 2016
1ª reimpressão: agosto de 2016
2ª reimpressão: maio de 2017
3ª reimpressão: julho de 2018
4ª reimpressão: julho de 2019
5ª reimpressão: março de 2021
6ª reimpressão: janeiro de 2023

Agradecimentos da Media Vaca: Arnal Ballester, Marta Bernabeu, Fernando Flores, María Ángeles Hervás, Marta Pérez, Julián, David e Santiago. E nosso muito obrigado a Rosa Regàs, amiga generosa, sem a qual não teria sido possível recuperar estes livrinhos, que foram originalmente editados por ela na editora La Gaya Ciencia.

Agradecemos imensamente a generosidade da ilustradora Luci Gutiérrez, que adaptou alguns personagens deste livro, de forma a aproximá-los da diversidade étnica brasileira.
Nosso muito obrigado a Mirla Cisne, militante feminista, por ter escrito o texto que compõe a seção "Para saber mais". Também somos gratos às leitura e aos comentários de Celina Diaféria, José Carlos Monteiro da Silva e Renata Dias Mundt.

CIP-BRASIL. CATALOGAÇÃO NA PUBLICAÇÃO
SINDICATO NACIONAL DOS EDITORES DE LIVROS, RJ

P774m

As mulheres e os homens / Equipo Plantel ; ilustração Luci Gutiérrez ; tradução Thaisa Burani. - 1. ed. - São Paulo : Boitempo, 2016.
52p. :il.   (Livros para o amanhã ; 4)

Tradução de: Las mujeres y los hombres
ISBN 978-85-7559-468-1

1. Mulheres - Condições sociais. 2. Direitos das mulheres. 3. Feminismo. I. Gutiérrez, Luci. II. Título. III. Série.

16-30141

CDD: 305.42
CDU: 316.346.2-055-2

Publicado em fevereiro de 2016, mês em que se comemoraram os 50 anos da primeira publicação em livro da Mafalda, a pequena questionadora criada pelo cartunista argentino Quino, este livro foi composto em Futura 14/20 e reimpresso em papel Chambril Book, 150 g/m², pela gráfica Rettec, para a Boitempo, em janeiro de 2023, com tiragem de 2 mil exemplares.